Editorial

Kennt ihr auch das Gefühl, dass ihr euch von atemberaubenden Urlaubsfotos in Reiseführern angezogen fühlt, ihr aber vor Ort nicht viel wiedererkennt, weil sie einfach nicht der Wahrheit entsprechen? Ein Hoch auf die Bildbearbeitungsprogramme. Oft werden unschöne Dinge einfach ausgeblendet oder aber der Reiseführer ist so umfangreich, dass man schon in das Land auswandern müsste, um alle Orte und Sehenswürdigkeiten zu besuchen. Meistens ist so ein Reiseführer „politisch korrekt" geschrieben, bietet aber wenig Platz für die eigene Meinung. Das passiert euch mit unserem Reisebegleiter garantiert nicht. Hier wird nichts beschönigt, mit nichts hinter dem Berg gehalten und wir schreiben frei nach unserer „Kodderschnauze". Somit werdet ihr nicht unvorbereitet ins kalte Wasser geschmissen. Selbstverständlich können wir nur unsere ganz persönlichen Eindrücke schildern und jeder kann und darf andere Erfahrungen machen. Kurz und bündig haben wir euch das Wichtigste zusammengefasst, die mit vielen wertvollen Insider-Tipps bestückt sind.

Jetzt viel Spaß beim Lesen und selbst Erleben.

Chris & Nadine

6
Vielseitiges Panama City

35

Isla Colón – ein Muss

Reisevorbereitung

Reiseroute

Für uns war das tropische Panama mit seinem weltbekannten Kanal, seiner grünen Flora, den Bergen, den weißsandigen Inseln, dem unberührten Dschungel und der modernen Hauptstadt noch ein wahrer Geheimtipp und wir wollten uns nichts davon entgehen lassen. Daher hatten wir folgende Reiseroute von zuhause aus geplant.

1. Tag	Ankunft in Tocumen
2. – 4. Tag	Panama City
5./6. Tag	El Valle
7. Tag	Santa Catalina
8. – 10 Tag	Santa Catalina –
11. – 13. Tag	Bajo Boquete
14. – 16. Tag	Bocas del Toro – Isla Colón
17. Tag	Las Lajas
18./19. Tag	Panama City
20. Tag	Abflug

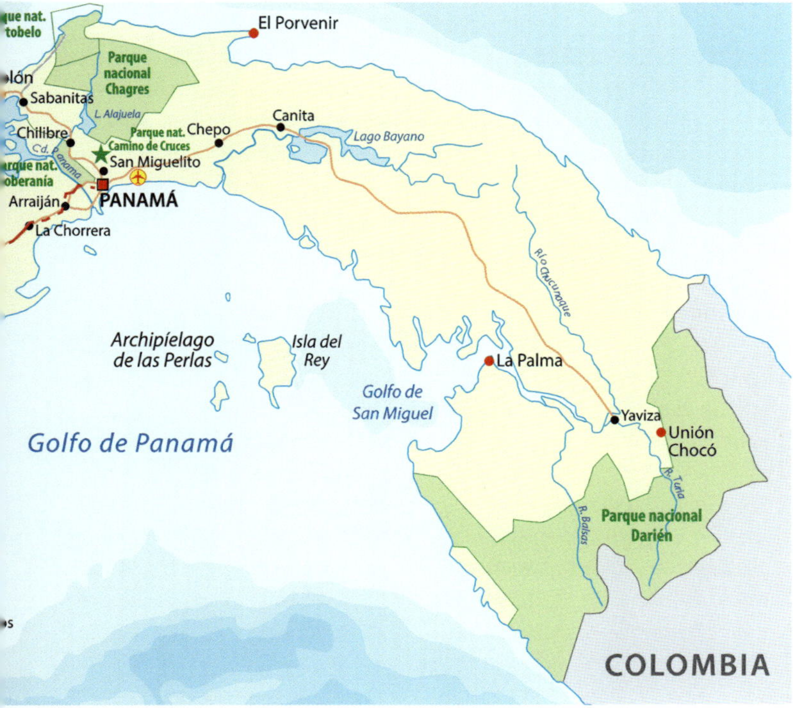

Panama Wetter

Wir sind im November gefolgen, zum Ende der Regenzeit in Panama. Die Trockenzeit geht von Mitte Dezember bis Mitte April. Regenzeit bedeutet jedoch nicht, dass es ständig regnet. Wir sind zwar hin und wieder in einen Wet-T-Shirt-Contest geraten, aber kurze Zeit später kam dann meistens schon wieder die Sonne raus.

Kriminalität

Unsicher fühlten wir uns nie. Wir sind allerdings auch nicht nachts mit unserer dicken Rolex (nicht, dass ich eine besitzen würde) durch die Straßen gelaufen. Das Gepäck war immer im Kofferraum untergebracht und die Gucci-Tasche blieb auch zuhause. Unsere Backpacker-Rucksäcke sehen mittlerweile auch nicht mehr lohnenswert aus.

Impfungsempfehlungen

- Gelbfieber (bei Weiterreise in ein Drittland kann die Impfung aus Panama kommend verlangt werden)
- Hepatitis A
- Hepatitis B, Tollwut und Typhus (bei Langzeitaufenthalt oder besonderer Exposition)

Welche schrecklichen Krankheiten kann man in Panama noch bekommen?

Zika-Virus-Infektion

Die vorrangig durch tagaktive Aedes-Mücken übertragene Infektion mit Zika-Viren kann in der Schwangerschaft zu Fehlbildungen beim Kind führen sowie neurologische Komplikationen beim Erwachsenen hervorrufen. Die infizierte Person merkt es meistens nicht, dass sie das Virus in sich trägt. Eine Impfung gibt es bis dato nicht.

Dengue-Fieber

Auch Dengue-Viren werden landesweit durch die tagaktive Aedes-Mücken übertragen. Die Erkrankung geht in der Regel mit Fieber, Hautausschlag sowie ausgeprägten Gliederschmerzen einher. In seltenen Fällen treten insbesondere bei Kindern schwerwiegende Komplikationen inkl. möglicher Todesfolge auf. Insgesamt sind Komplikationen bei Reisenden jedoch selten. Es existiert weder eine Impfung bzw. Chemoprophylaxe noch eine spezifische Therapie.

Malaria

Wird durch dämmerungs- und nachtaktive Anopheles-Mücken übertragen. Unbehandelt verläuft insbesondere die gefährliche Malaria tropica bei nicht-immunen Europäern häufig tödlich. Die Erkrankung kann noch Wochen bis Monate nach Aufenthalt im Risikogebiet ausbrechen

Was gibt es sonst noch?

- Influenza A-Virus /H1N1-Grippe
- Leishmaniasis
- Leptospirose (wird über Nagetierausscheidungen kontaminiertes Wasser, bitte was???)
- Hantavirus (wird durch Aufnahme von kontaminierten Sekreten infizierter Nagetiere übertragen, mein Gott!)
- Trypanosomiasis (kann durch Ausscheidungen von Raubwanzen übertragen werden)
- Chikungunya-Fieber

Packliste

- → **Blasenpflaster**
- → **Reisestecker-Adapter für Steckdosen Typ A und B**
- → **Anti-Brumm**
- → **Lange Kleidung** (auf den Bergen, Vulkanen kann es abends kühl werden)
- → **Stirnlampe** (Stromausfälle sind vorprogrammiert)
- → **Impfpass inkl. Gelbfieberimpfung** (falls ihr euch länger als 24 Stunden in Panama aufhaltet und z. B. nach Nicaragua weiterreisen möchtet)
- → **Kopien** von Reisepass, Impfpass (es besteht Ausweispflicht in Panama)
- → **Führerschein** (falls ihr euch einen Mietwagen ausleiht)

Wieviele Unterbuxen ihr braucht, wisst ihr ja selbst.

Fazit

Nagetiere, Moskitos und Raubwanzen meiden. Ok, das Spray gegen Nagetiere kenne ich noch nicht, aber wir hatten die XXL-Flasche-Antibrumm, ein portables Moskitonetz und ich als Schwangere zusätzlich lange moskitodichte Kleidung von Craghoppers mit. Nur „lang“ alleine reicht leider nicht. Die Mistviecher stechen da durch.

Einreisebestimmung

Für die Einreise in Panama benötigen Deutsche, Schweizer und Österreicher einen mindestens sechs Monate über das Rückreisedatum hinaus gültigen Reisepass. Ein Visum ist nicht nötig.

App-Empfehlungen

maps.me
Kostenloses OpenStreet-Kartenmaterial. Gewünschtes Land zuhause herunterladen und offline benutzen. Praktisch auch, um nach Restaurants oder Sehenswürdigkeiten in der Nähe Ausschau zu halten.

Währung Plus
Kostenloser Währungsumrechner, der auch offline funktioniert.

1Money
Die einmaligen 3,99 € auf meinem Android Gerät habe ich gerne investiert, nachdem die kostenlose Version für gut befunden wurde. Schnell hat man beliebig viele Konten erstellt und bucht von dort in verschiedene Kategorien. So hat man alle Ausgaben bestens im Griff und dazu noch eine tolle Ausgabenübersicht am Ende des Urlaubs.

Health
Schon vorinstalliert auf dem iPhone. Für alle, die wissen wollen, wieviele Kilometer man im Urlaub zu Fuß so abreißt. Die App gibt einen schönen Überblick über Strecke, Schritte und sogar Stockwerke.

1. Stopp
Panama City –
Vorsicht vor den dunklen Wolken

Ankunft im „Hallenbad"

Die Ankunft am Flughafen Tocumen bei ca. 85 % Luftfeuchtigkeit und 30 Grad gleicht dem Gefühl des Betretens unseres städtischen Hallenbades. Ende November ist hier die Regenzeit noch nicht ganz vorbei, sodass man sich schnell an das Dampfbadgefühl gewöhnen sollte, aber alles ist besser als 5 Grad und Regen in Deutschland. Um von hier aus in die Stadt zu kommen, gibt es nur die Möglichkeit sich ein Taxi oder einen individuellen Transfer (z. B. vom Hotel aus) zu buchen. Eine Bahn gibt es nicht. Unser Fahrer, den wir vorab über Latin America Tours (Reisebüro in der Schweiz) gebucht hatten, war freundlich, konnte Englisch und das Allerwichtigste: er hat uns pünktlich abgeholt. Wir durften erleben, wie er mit 100 Sachen durch die Mautschranken bretterte, wohl bemerkt, dass die Schranke dabei war sich zu schließen. Ich sag' mal, was soll's, nicht unsere Windschutzscheibe. Nach einer Vollbremsung öffnete sich die Schranke direkt und wir erfuhren, dass es wohl aufgeklebte Mikrochips auf der Windschutzscheibe gibt, die das Öffnen der Schranken begünstigen. Mein Adrenalinspiegel war dennoch ganz oben. Aber wie sagt man so schön, andere Länder, andere T...
ähm Sitten.

Den Hochhäusern verdankt Panama City den Namen „Dubai Zentralamerikas" oder sollte ich im Dezember lieber „2. Betlehem" sagen?

Wie bekommt man die hier Zeit rum?

Natürlich auf dem PANAMAKANAL

Rund 82 Kilometer lang ist die künstlich angelegte Wasserstraße mit einer Scheitelhaltung von 26 Metern, die die Landenge von Panama in Mittelamerika durchschneidet und den Atlantik mit dem Pazifik für die Schifffahrt verbindet. Der Kanal erspart die Fahrt um das Kap Hoorn oder durch die Magellanstraße an der Südspitze Südamerikas. Der 1914 eröffnete Kanal ist eine der wichtigsten Wasserstraßen der Welt und wird von ca. 14.300 Schiffen pro Jahr durchfahren.

Das sogenannte „8. Weltwunder" wollten wir uns somit nicht entgehen lassen und buchten die etwas abgespeckte Bootstour von ca. 4 Stunden. Vorab wurden wir mit dem Bus ca. 30 Minuten entfernt zum Bootsanleger gefahren, jeder bekam sein buntes Touri-Bändchen verpasst und schon begann das Gerangel um die besten Sitzplätze. Ein Englisch sowie Spanisch sprechender Guide versorgte uns fortlaufend mit Infos, u. a. auch damit, dass man seine Mitreisenden mit am Tisch sitzen lassen solle, auch wenn man diese nicht kennen würde. Jetzt wisst ihr in etwa, wie es hier zuging. Ganz oben gab es ein Sonnendeck, ein paar Stufen darunter ein überdachtes Deck und unten konnte man sich auf zwei klimatisierten Ebenen aufhalten. Kurz nach Abfahrt gab es unter Deck auch schon etwas zu essen. Ich denke mal, um die erhitzten Gemüter zu beruhigen. Je nach aufgerufener Bändchenfarbe durfte man sich am Buffet bedienen. Das Essen bestand aus Reis, Hühnchen, Möhrengemüse, Salat, Kekse und Bananen. Softdrinks und Wasser waren im Preis inkludiert. Jetzt zur eigentlichen Fahrt, die mit knapp 225 $ pro Person zu Buche schlug. Es war schon spannend zu sehen, wie die Riesendampfer, beladen mit Hapag Lyod und China Shipping Containern, den Kanal entlang fuhren und sich hinter uns in die hundert Meter lange

Schleuse einreihten. Wer schon mal in den Kanälen in Holland oder auf der Müritz mit dem Boot unterwegs war, kennt das Prozedere des Schleusens. In Holland ist halt alles nur viel viel kleiner und geht dann auch viel viel schneller. Ansonsten ist die Fahrt recht unspektakulär. Man sieht leider keine exotischen Tiere, sondern nur exotische Menschen, die teilweise angezogen waren als wollten sie im Dschungel-Camp mitmachen. Mein Kleidungstipp: Mit Flip-Flops, luftigem Kleidchen und Sonnenbrille ist man bestens ausgestattet. Um von der Fahrt völlig geflasht zu sein, muss man sich für die hohe Ingenieurskunst begeistern können. Aber zumindest können wir sagen, wir sind schon mal auf dem Panamakanal rumgeschippert.

Alternativ ist es auch möglich sich nur die Miraflores-Schleuse anzuschauen. Wie ganz häufig in Lateinamerika gibt es auch in Panama unterschiedliche Preise für Touristen und Residents. An diese Diskriminierung muss man sich einfach gewöhnen. Wobei ein Preisunterschied von 15 $ für Touristen und 3 $ für Einheimische für das Besucherzentrum schon ziemlich heftig ist. Die besten Zeiten hierfür sind zwischen 9 und 11 Uhr sowie 14 und 16 Uhr. Dann passieren angeblich die meisten großen Dampfer das enge Nadelöhr. Um einen guten Platz zu ergattern, sollte man vor halb 9 Uhr vor Ort oder mind. 2 m groß sein, da der Andrang enorm sein kann und man an den Fenstern dann nichts mehr sieht.

Dank der Erweiterung des Kanals in 2016 können die Schiffe anstatt max. 4.600 Container jetzt 14.000 transportieren.

Unser Highlight

CASCO VIEJO

Ein Spaziergang in die wunderschöne Altstadt CASCO VIEJO (übersetzt: Altes Viertel) durfte natürlich nicht fehlen. Ca. 6 km zu Fuß von unserem Hotel entfernt lag Casco Viejo, kleine kräftige Regenschauer Ende November inklusive. Zum Glück nahmen uns die unzähligen Taxen auch im völlig durchweichten Zustand mit. Enge Gässchen, Kirchen und Ruinen bieten ein einzigartiges Ambiente. Außerdem ist die Altstadt seit 1997 Teil des UNESCO Weltkulturerbes. Seit 1997 wird auch der historische Stadtkern restauriert, um auch die Gebäude der Kolonialzeit zu erhalten. Eines der ältesten Gebäude ist das Kloster von Santo Domingo. Außerdem lohnt es sich einen Blick auf den Präsidentenpalast, die Plaza De Francis, den Justizpalast und die Kirche Santo-Domingo mit dem prächtigen goldenen Altar

zu werfen. Die Altstadt grenzt sich krass vom restlichen Teil der Hauptstadt ab. Saubere ausgebaute Straßen, wenig Müll und viel Polizeipräsenz. Ging man eine Straße weiter, stand man schon wieder knöchelhoch im Müll, es roch nach Pippi und die Häuser waren heruntergekommen. Nichts desto trotz schienen hier wahre Graffitikünstler zu wohnen. Hier ein paar Impressionen.

PARQUE NATURAL METROPOLITANO

Wandern in der Natur
Av Juan Pablo ll

Wer Lust auf's Wandern hat und mit etwas Glück Tiere in freier Wildbahn beobachten möchte, ist in der grünen Lunge von Panama City genau richtig. 4 $ Eintritt pro Person kostet der Spaß. In dem Park leben angeblich Faultiere, Gürteltiere, Tukane und noch eine Menge mehr. Uns war es leider nur vergönnt ein paar Wasserschildkröten, Kolibris, Agutis (Stachelschweinvariante) und eine sehr spektakuläre Ameisenstraße zu beobachten. Der Park ist sehr gepflegt und bietet einen tollen 135 m hohen Aussichtspunkt, der einen wundervollen Blick über die Hauptstadt ermöglicht. Wer mag, kann ca. 2,5 Stunden auf verschiedenen Wegen durch das Gebiet eiern. Leider ist es nicht möglich den Eingang zu Fuß zu erreichen. Man ist gezwungen, die letzten 1,5 km mit dem Taxi oder Leihwagen zurückzulegen.

(Das Panama-Capybara ist das größte heute lebende Nagetier. Sollte ich die Ausscheidungen von dem Viech nicht meiden?)

Panama la Vieja – durch Piraten zerstört

Etwas für Kulturinteressierte
Via Cinquantenaire,
Panama City

Wer noch Lust, Geld und genügend Zeit hat, kann sich für 15 $ pro Person alte Steine anschauen. Hierzu müsst ihr einen Ausflug zur Panama la Vieja unternehmen. Anfang des 16. Jahrhunderts wurde hier die erste spanische Stadt an der Pazifikküste gegründet. Die Ruinenstadt entwickelte sich schnell zur wichtigsten Hafenstadt, die eine Basis der spanischen Conquista des Inka-Reiches bildete. 1671 wurde die Stadt durch den Überfall von Henry Morgan zerstört und danach in das heutige Stadtgebiet mit ihrem neuen Kern Casco viejo verlegt. Übrig blieben nur noch Ruinen, die man heute besichtigen kann. Das Areal ist sehr, sehr weitläufig. Ob sich das Ganze lohnt, da scheiden sich die Geister. Wer kulturinteressiert ist und auch Lust auf das Museum hat, welches liebevoll gestaltet wurde, der kann hier angenehme Stunden verbringen.

Tipp: Nicht gerade zur Mittagszeit hier rumlaufen. Das Gelände bietet wenig Schatten.

Hilfe, wo schläft man?

Hier zwei von uns getestete Unterkünfte. Einmal mit 4 Sternen und recht teuer und einmal mit 2 Sternen in günstig.

B & B Baru Lodge ***, E

Calle 2 El Carmen, 7, Panama City

Hier wird man tatsächlich noch mit Vornamen begrüßt. Welch' wertschätzendes Gefühl.Das B&B-Hotel befindet sich in der ruhigen Wohngegend El Carmen. Die Lodge liegt nahe an den Touristenattraktionen, Bars und Restaurants. Beim Frühstück im gemütlichen Garten waren wir immer die Einzigen. Das übersichtliche Frühstück stand jeden Morgen bereits vorbereitet auf dem Tisch. Meist ein Analogkäse-Schinken-Omelette oder Rührei mit Schinken (dann natürlich kalt, weil's schon ein Weilchen dort stand), zwei Scheiben Toast mit Butter und Marmelade, etwas Obst und mal einen Joghurt. Kaffee konnte man sich selbst nehmen. Das Personal kann nur bedingt Englisch, ist aber sehr bemüht. Außerdem gibt es ein ganz gut funktionierendes WLAN, eine Klimaanlage und einen leeren Kühlschrank. Auf Nachfrage wurden unsere pitschnassen Klamotten in den Trockner geschmissen. Bei der hohen Luftfeuchtigkeit ist es auch kaum möglich das Zeug anderweitig trocken zu bekommen.

FAZIT: Gutes-Preis-Leistungs-verhältnis

Central Hotel Panama ****, €€€

Plaza de la Independencia, Calle 5a Este

Dass dieses Hotel ein paar Mark Fünzig mehr kostete, bemerkte man direkt zu Beginn am Concierge Service. Es liegt traumhaft gelegen in der Altstadt von Panama City mit Blick auf die schöne Plaza de la Independencia in Casco Antiguo. Das Hotel war das erste Hotel des Landes zum Zeitpunkt seiner Eröffnung im Jahre 1874.

Hier übernachteten u. a. die französischen Bauherren des Panamakanals oder auch der ehemalige US-Präsident Theodore Roosevelt. Das Hotel wurde komplett und sehr detailgetreu renoviert. An der Rezeption empfing man uns leider nicht, wie den neu gewählten US Präsident samt First Lady. Wahrscheinlich sahen wir mit unseren Backpacker-Rucksäcken und den Trekkingschuhen nicht aus, wie die typische Stammkundschaft. Zumindest gab's zwei Gutscheine für nicht-alkoholische Getränke in der Lobby. Dort genossen wir einen sehr schmackhaften Milchkaffee während das Putzpersonal uns um die Beine wischte. Angekommen im

Luxuszimmer stellten wir bei nicht gerade angenehmen 19 Grad fest, dass man die Klimaanlage nicht wärmer stellen konnte, zum Glück gab's kostenlose Bademäntel. Ausgestattet war das Hotel mit einem Außenpool inkl. grandiosem Blick über Panama City, einem kleinen Fitnessraum, einem Beautysalon und Spa-Bereich. Die Preise im Restaurant waren dennoch human. Ein Angus Steak bekam man z. B. für 18 $. Das internationale Frühstücksbuffet konnte sich sehen lassen und war mit Abstand das Beste, was wir bis dato im Urlaub hatten, wie diverse geschälte bzw. gepulte Obstsorten, wie Mandarinen, Kiwis, Erdbeeren, Ananas über Walnüsse, Frischkäse, Oliven, Kapern, Schokocroissants, Rosinenschnecken, meist einer Käsesorte, Wurst, einer Omelette-Station, Pfannekuchen, Würstchen, Empanadas und am Sonntag noch mit verschiedenen Fleischsorten mit Gemüse und diversem frittierten Kram.

FAZIT: Wer es etwas gehobener mag, ist hier bestens aufgehoben.

Restaurant Central Hotel Panama, €€

Plaza de la Independencia,
Calle 5a Este

Man hat ja schließlich Urlaub und ist auch mal faul, sodass wir uns das Essen haben aufs Zimmer kommen lassen. Clubsandwich mit Huhn, Schinken, Käse, Salat und Fritten für 14 $, und ein recht spartanischer Caesar Salat für 7 $. Sandwich war top und das mit dem Salat lasse ich diesen Urlaub besser sein. Den isst man wohl besser daheim beim Italiener. 4 $ Aufpreis für den Roomservice und ein Glas stilles Wasser gabs on top.

Marzola Parrilla Argentina, €€

Calle 8a Oeste, Panama City

Viele Touristen bleiben stehen, um Fotos vom Interieur zu machen. Tausende Kronkorken zieren die Wände, alte Öllampen und Madonnafiguren findet man hier an jeder Ecke. Die Barhocker sind alte Pferdesättel und an der Decke befindet sich ein kopfüber hängender Tisch mit Stühlen. Tische aus Nähmaschinen, alte Tangotanzschuhe an den Wänden und man könnte ewig so weiteraufzählen, da es an jeder Ecke etwas Neues zu entdecken gab. Hier sollte man in jedem Fall auf einen Kaffee einkehren, auch wenn die sehr kreativ präsentierte Karte (aufgeklebt auf Weinflaschen) sehr spartanisch daherkommt. Es ist ein Steakhaus und viel mehr bekommt man hier auch nicht.

FAZIT: Absolut sehenswerte Inneneinrichtung

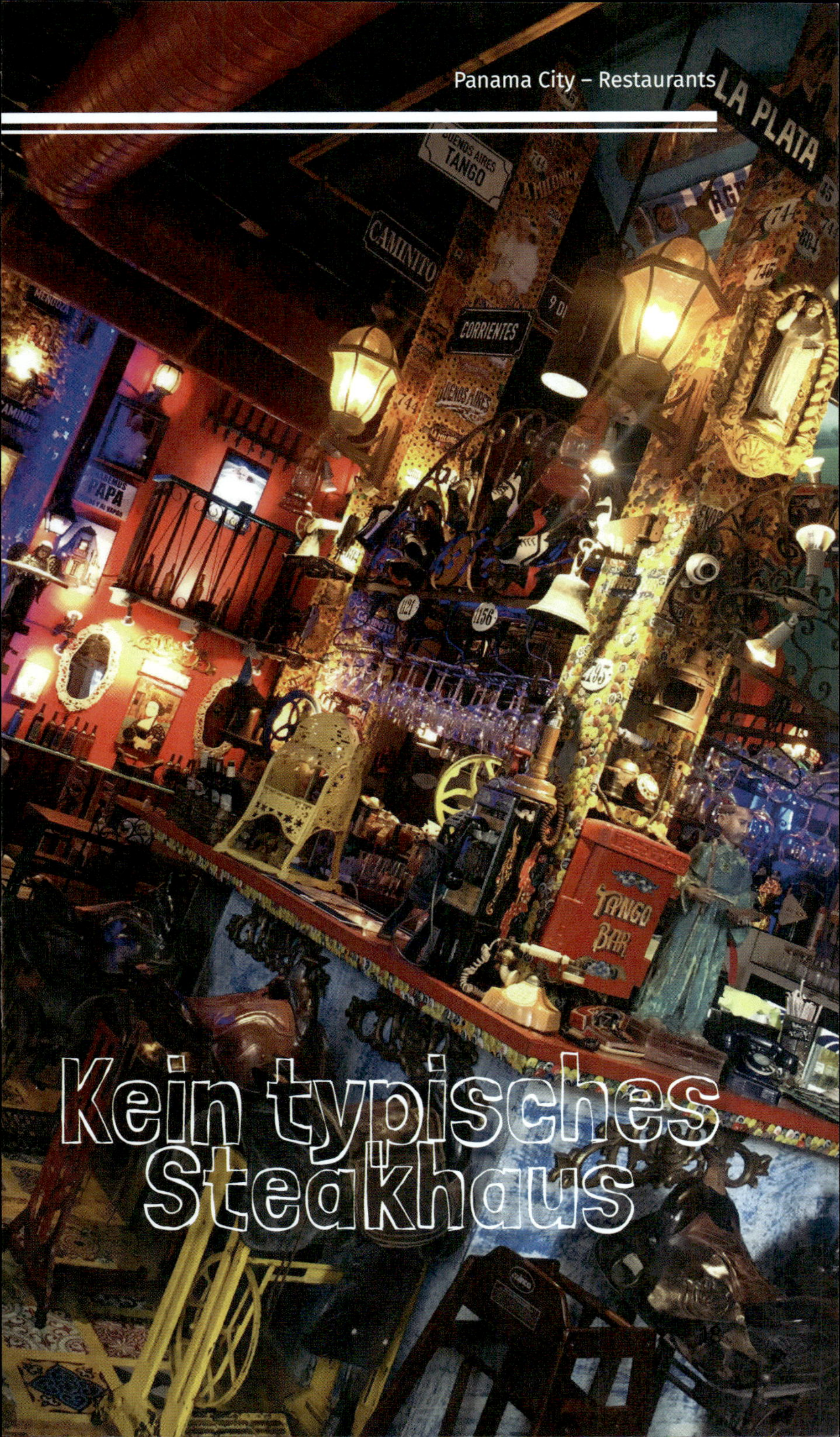

Kein typisches Steakhaus

Bananen, Bananen und nochmals Bananen – Die Küche Panamas

Ich persönlich finde, dass Panama kein wirkliches gastronomisches Paradies ist. Es wird recht ungesund und mit wenig Abwechslung und Gewürzen gegessen. Hauptbestandteil ist meist Reis oder Gerichte aus Mais und Kochbananen. Es wird viel frittiert, egal ob Fleisch, Mais, Kartoffeln, Bananen, Reis etc. und somit wird sehr fettig gegessen. Das macht sich auch am Leibesumfang der Bevölkerung bemerkbar und die sind nicht alle schwanger.

Normalerweise wird zweimal täglich gekocht, mittags und abends. Eine Mahlzeit besteht hier eigentlich fast immer aus Reis mit Fleisch und etwas Gemüse oder Hülsenfrüchten. Manchmal gibt es statt Reis auch Nudeln, frittierte Kochbananen oder Pommes Frites.

Zu unseren Gerichten gab es fast immer Bananen in unterschiedlichster Form. Z. B. die sogenannten Patacones, die anstelle von Pommes als Beilage zu Hauptspeisen gereicht werden.Um die knusprigen „Chips" herzustellen, werden lediglich Kochbananen zerstampft, ggf. gewürzt und so lange frittiert, bis sie goldbraun sind. Ceviche ist mittlerweile fester Bestandteil sämtlicher lateinamerikanischer Küchen. Die Vorspeise stammt ursprünglich aus Peru, erfreut sich jedoch auch in Panama großer Beliebtheit. Das Fischgericht passt perfekt zu dem Küstenflair, das ihr in den meisten Regionen Panamas verspüren werdet.

Es wird zwischen „Plátanos verdes" (grünen Kochbananen) und „Plátanos maduros" (reifen Kochbananen) unterschieden. Bananen, wie man sie in Deutschland kennt, sind nochmal was anderes und heißen „banano", oder „guineo" und gibt es wenn dann zum Frühstück.

Restaurant El Trapiche, €

Via Argentina, Albrook Mall y San Francisco, Panama City

Hier isst man konsequent vom Plastikgeschirr. Wohlgemerkt von wiederverwendtbarem. Mein frittierter Red Snapper ca. 12 $ war sehr gut. Die dazu gereichten Yucca Sticks waren sehr trocken und geschmacksneutral, da konnten es die dazu gereichten scharfen Soßen leider auch nicht rausreißen. Die gemischte Platte mit diversen panamaischen Kleinigkeiten, die Chris sich einverleibt hatte, schmeckte prima. Wasser war auch hier im Preis inklusive.

FAZIT: Authentische Küche zu fairen Preisen auf Plastik

Mahalo Snack Shack, €€

Avenida A y Calle 5,
Casco Viejo

Nachdem man gefühlte 10 km bei 32 Grad durch die Innenstadt geeiert war, hatten wir auch mal Durst. Hier können wir folgendes kleines Restaurant empfehlen. Von außen unscheinbar, aber innen befand sich ein liebevoll hergerichteter Wintergarten mit Bambus-Bar. Die Karte war klein, aber fein. Wir hatten hier einen sehr starken wachmachenden Kaffee getrunken, stilles Wasser gab es kostenlos dazu und die Smoothies waren zu empfehlen. Gegessen haben wir hier nicht, aber um 11.30 Uhr war die Bude schon bumsvoll.

FAZIT: Versteckte kleine Oase

Pastry & Coffee Shop Noël, €

Avenida 2aC Norte,
Panama City

Klein Paris lässt grüßen. Eine Bäckerei, die außer einer großen Tortenauswahl auch noch mehr kann. Zum Mitnehmen gab es Salate, Empanadas, Kaffee, Sandwiches, Getränke etc. Der Laden war rappelstvoll und mein Zimtteilchen hat nur 1 $ gekostet.

The Fish Market Restaurant, €

San Miguelito,
Casco Viejo

Kleines, aber feines Fischrestaurant mit überschaubarer Karte. Wir hatten Fritten mit Tzaziki für 7 $ und Fisch Tacos für 12 $. Beides war sehr lecker. Die Bedienung war freundlich und sprach Englisch. Hier kann man auf jeden Fall für einen Snack einkehren.

Mercado de Mariscos, €

Avenida Balboa & Calle
Eloy alfaro, Cinta Costanera,
Panama City

Der Fischmarkt ist wie jeder Fischmarkt... laut, wuselig und fischig. Hier gab es einen Außen- sowie Innenbereich. Die Marktschreier versuchten die Besucher sehr energisch an ihren Stand zu locken. Dabei gab es fast überall ähnliche Menüs. Die Musik ist teilweise recht laut und ein gemütliches Ambiente sieht auch anders aus. Allerdings sind die Preise moderat und man bekommt hier logischerweise Tonnen frischen Fisch. Blick auf die Grau-Pelikane im Hafenbecken inklusive.

Salvaje Rooftop Bar, €€€

Avenida Eloy Alfaro con calle 11, Edificio La Otoquena, Panama City

Ab 18 Uhr kann man hier in den 4. Stock auf die Rooftopbar. Selbstverständlich gibt es noch höher gelegene, man hat dennoch einen sehr schönen Ausblick über das Meer und die Skyline von Panama. Hier gab es japanische Küche zu etwas höheren Preisen, aber es lohnte sich. Das Sushi war fantastisch. Unser Salat mit Mango, Reis, Avocados und rohem Lachs ca. 14 $ war auch sehr schmackhaft, wenn auch nicht sehr üppig. Eine größere Auswahl an Ginsorten hatten Chris den Abend gerettet. Ich durfte Wasser trinken, denn auch hier gabs leider kein 0,0 %-Bier. Gin Tonic mit dem guten Hendricks Gin kostete 9 $. Englisch spricht man hier nur mäßig.

FAZIT: Qualität und Aussicht kosten halt auch was.

Restaurante El Charro Mexicano, €€

Calle 50, San Francisco, Panama City

Hier gab es typisch mexikanische Speisen. Meine vegetarischen Tacos mit Salat und Guacamole für ca. 9 $ waren soweit ok. Chris hatte ein mit diversen Fleischsorten, Salat, Käse, Bohnenpaste und Guacamole gefülltes Monsterteigding. Was super schmeckte, auch wenn es etwas lieblos daher kam.

Mit Dekoelementen auf dem Essen haben es die meisten hier sowieso nicht. Mein absolutes Highlight war meine riesige Erdbeer-Kokosnuss Limonade für knapp 6 $. Die war jeden Cent wert.

Vorab wurden noch Knabberzeug mit scharfer Soße und Tomatenwürfel mit Koriander gereicht. Jeweils 4 Gläser Leitungswasser wurden gratis serviert. Leider schmeckte das Leitungswasser hier im Umkreis abscheulich, sodass wir dieses haben zurück gehen lassen.

FAZIT: Solider Mexikaner

Athens Pizza, €

- Calle 57, Planta Baja del PH Rocris, Obarrio, Panama City
- Centro Comercial Plaza Aventura, Vía Ricardo J. Alfaro, Panama City
- Vía Porras 97, San Francisco, Panama City

Aufgrund der Empfehlung unseres Taxifahrers haben wir uns breit schlagen lassen, auch mal bei einem panamaischen Griechen Essen zu gehen. Da war uns noch nicht bewusst, dass es sich anscheinend um eine Kette handelt. Schneller Service gepaart mit nicht vorhandenen Englischkenntnissen. Die Pizza vegetarisch war reichlich belegt ca. 9 $, die Pita mit Tzatziki etwas hart ca. 3 $ und dem Tzatziki fehlte die Gurke (Oliven und Pepperonis ebenfalls). Das Gyros Vegetaria kam ganz ohne Fleisch aus und war sehr lecker. Man sitzt hier etwas unromantisch an der Hauptstraße, dafür kann man dem Kellner, der sich als Verkehrspolizist versuchte, beim Navigieren der Autos zusehen, dass die auch ja einen Parkplatz in der Nähe des Restaurants bekamen. Es gab natürlich keinen obligatorischen Ouzo.

Fazit: Nicht mit unseren Griechen zu vergleichen, aber eine gelungene Abwechslung

Gangnam Place, €€

Avenida A, Panama City

Sehr spartanisch eingerichtet, aber das Essen war typisch koreanisch. Nachdem uns Bohnenpaste und Bananen aus den Ohren kamen, war das eine gelungene Abwechslung. Koreanische Expats saßen am Nebentisch, was auch für die Bude sprach. Vorab wurden allerlei Schälchen mit diversen Köstlichkeiten gereicht.

Chris hatte eine große Portion Rindfleisch mit Reis und Salatblättern, das musste man sich dann zusammen rollen ca. 28 $. Da reicht auch die halbe Portion, aber was soll ich sagen, wenn die Augen wieder größer als der Magen waren. Lach. Ich hatte eine vegetarische Bowle ca. 9 $. Alles seeeeeehr lecker. Achja, und die eine negative Bewertung bei Trip Advisor können wir absolut nicht nachvollziehen.

FAZIT: Hattet ihr genügend frittierte Bananen, gerne auch mal die ausländische Küche versuchen.

El Valle – der weltgrößte bewohnte Vulkankrater

Ca. 130 km und 2,5 Stunden Autofahrt von Panama City entfernt liegt das kleine Örtchen „El Valle de Anton“ („Valle“ bedeutet „Tal“). Wenn man keinen Mietwagen hat und dennoch nicht auf die gute Luft, Wasserfälle, Quellen und schönen Wanderungen verzichten möchte, kann man von Panama City natürlich auch mit einem Minibus hierhin gelangen. Im Albrook Bus Terminal gibt es u. a. für „El Valle de Anton“ einen Schalter. Das Ticket kostet zurzeit 4,25 $. Abfahrt der Busse zu diesem Zeitpunkt von Plattform 48. Die Busse sind eher mäßig komfortabel. Nach ca. 2,5 Stunden muss man umsteigen. Hierbei sollte man einigermaßen wachsam sein, da es sich um keine richtige Busstation handelt, sondern im Grunde einfach nur um eine große Kreuzung auf der Panamericana, von der eine Straße nach El Valle de Anton führt. Der Ort hier heißt „Las Uvas“. Von dieser Kreuzung aus fahren nun regelmäßig kleine Busse über eine bergige Strecke in den Vulkankrater, was noch einmal eine knappe Stunde dauert und ca. 1 – 2 $ kostet. Den richtigen Bus erkennt man an dem Schild in der Windschutzscheibe.

Indiana Jones lässt grüßen

Auf welchem Weg auch immer man es nach El Valle geschafft hat, hier ist man wirklich in einer anderen Welt angekommen. Der kleine Ort befindet sich auf 600 m Höhe am Boden eines ca. 20 km großen Kraterkessels, umgeben von Mango- und Zitrusbäumen, Palmen, Kiefern, Bambus und Farnen. Schicke Villen zwischen jahrhundertealten Bäumen zieren die Straßen. Der kleine Ort bietet ein paar Attraktionen: einen Orchideen- sowie Schmetterlingspark, einen klassischen Zoo (da kriegen mich keine zehn Salzwasserkrokodile rein, auch wenn man hier wohl den berühmten goldenen Frosch entdecken kann) und den Besuch des wunderschönen Chorro El Macho Wasserfalls. Wir entschieden uns für einen Besuch des Wasserfalls (Organisation canopy adventure). Dort kann man einen kleinen Rundgang ca. 15 Min. durch ein Dschungelgebiet machen, welches als Kulisse für einen Indiana Jones Film dienen könnte. Am Ende des Rundgangs befindet sich ein Swimmingpool unter den Dächern des Dschungels. Hier gibt es außerdem die Möglichkeit mit einer Zipline durch das Gebiet zu schweben.

Kostenfaktor: Eintritt 5 $, Schwimmen 5 $. Zipline je nach Kategorie 20 $/65 $.

Lohnt sich das Ganze?
Die Wackelbrücken erwecken eine gewisse Indi-Abenteuerlust, auch der Wasserfall ist sehr idyllisch. Alles ist gepflegt und sauber. Das Vergnügen ist allerdings recht kurzweilig, aber mit den Eintrittsgeldern unterstützt man den Erhalt der Einrichtung. Also muss man abwägen, ob es sich für einen rentiert.

Aufgrund der feuchten Wetterlage entschieden wir uns im Caracoral Hotel Boutique & Spa (Av los Millonarios, El Valle de Anton) einen kleinen Wellness-Stopp einzulegen. Die einzige Masseurin vor Ort war nicht ausgebucht, sodass wir eine solide Ganzkörpermassage und eine desaströse Gesichtsbehandlung buchten. Damit der Partner sich in der Zwischenzeit nicht zu Tode langweilt, buchten wir kurzerhand das türkische Bad mit. Letzteres hatte seinen Zweck voll erfüllt, nach 15 Min. sollte man sich im charmanten Außenpool abkühlen und dann nochmal 15 Min. bedampfen lassen.
Kostenfaktor: 60 min. Massage 60 $, 30 min. Gesichtsbehandlung (obwohl sie 45 bis 60 Min. hätte dauern sollen. Die Hälfte der Zeit lag eine Maske auf meinem Gesicht, da hatte die Kosmetikerin ordentlich Zeit am Handy rumzudatteln).

Dies kostete auch stolze 60 $, türkisches Bad pro Person 15 $. Aufgrund meiner Reklamation über die geringe Dauer der Behandlung bei der sehr freundlichen Rezeption (KEINE IRONIE) gab es dann einen Cappuccino aufs Haus.

Mini-Kunst- und Gemüsemarkt

Hier gab es dann Obst, Gemüse, Zierpflanzen, Blumen und Orchideen, einheimische Kunstartikel und Handarbeiten. Unter anderem Keramiken, bateas (bemalte Holzscheiben), geflochtene Körbe und Hüte, totumas (mit Schnitzerein und Malereien verzierte Kürbisschalen), Perlenschmuck und Molas der Kuna-Indianer.

Museum El Valle

Hier findet sich eine kleine, aber feine und durchaus interessante Sammlung präkolumbischer Artefakte, religiöser Kunst und Gebrauchsgegenstände, eine Ausstellung hiesiger Völkerkunde und Trachten des 19. und 20. Jahrhunderts sowie Karten und Daten zum geologischen Ursprung des Tales.
Kostenfaktor:
Erwachsene: 1,50 $
Rentner: 0,75 $
Kinder: 0,50 – 0,75 $

Orchideencenter

Die gemeinnützige Organisation APROVACA hat sich der Zucht und Erhaltung gefährdeter lokaler und regionaler Orchideen gewidmet. Zur Zeit gibt es 147 Orchideenarten zu bewundern.
Öffnungszeiten:
Jeden Tag von 9.00 – 16.00 Uhr
Kostenfaktor:
Erwachsene 2,00 $
Studenten 1,00 $
Kinder bis 15 Jahre 0,75 $

Hier noch ein guter Link für die Aktivitäten in El Valle (auf deutsch)
www.el-valle-panama.com/freizeitangebote/

Park Eden ***, EE

Espabe St. 7, Antón

Wie der Name schon vermuten lässt, wohnte man hier in einer Welt, die sich zwischen „Alice im Wunderland“ und „Der Hobbit“ bewegt. Moosbewachsene, uralte Bäume, verschlungene Pflanzen, kleine Brücken und über 100 Vogelarten in allen Farben und Formen machten diesen zwei Hektar großen Garten zu etwas ganz Besonderem. Die Gartenmöbel und Inneneinrichtung erinnerten an Paris und verliehen dem Ganzen das gewisse Etwas. Hervorzuheben sei hier das Frühstück. Man konnte aus einer Liste von verschieden

zubereiteten Eiern, hausgebackenem Brot, French Toast und Pancakes wählen. Frisches Obst, Kaffee und Saft sind selbstverständlich. Unser French Toast und die Pancakes wurden unter einer silbernen Glocke serviert und waren Weltspitze. Als Frühstücksort konnte man hier die Terrasse im Garten oder den Platz unter dem französischen Fenster im Innenbereich wählen.

Das familiengeführte B&B verfügte über acht schöne und komfortabel eingerichtete Zimmer. Die Zimmer boten Annehmlichkeiten wie Kochnische, Kühlschrank und Klimaanlage und Gäste konnten dank dem kostenlosen WLAN online gehen. Dank der Nähe zur Sehenswürdigkeit The Sleeping Indian Girl (3,8 km) war das Park Eden eine Unterkunft in guter Lage für alle Reisenden, die diese beliebte Sehenswürdigkeit in El Valle de Anton besuchen möchten.

www.parkeden.com

Heaven's Cafe, €

El Valle de Anton,
Anton Valley

Zum Kaffeestopp ging's ins Heaven's Cafe. Das bunte Cafe sprach uns gleich an und im Nu waren auch alle Plätze belegt. Getrunken haben wir einen Vanille Frappe 3,50 $, einen Chai Latte Tee 2,50 $ und zwei frische Smoothies ca. 3 $.

FAZIT: Alles war tippi-toppi (bis auf die Smoothie-Plastikbecher, grrrr).

Bruschetta, €€

(empfohlen von Monica, unserer sehr netten und hilfsbereiten Park Eden Lodgebesitzerin, aber leider nicht von uns)

El Valle de Anton,
Anton Valley,
gegenüber
der Kirche

Gegessen hatten wir einen Rinderspieß mit Salat ca. 13 $ und einen Caesar Salat mit Lachs ca. 12 $. Essen und Service waren so lala. Kein Brot zum Salat, Salz und Pfeffer musste selbst organisiert werden. Die Bedienung unlustig. Der Caesar Salat war weit entfernt von dem, was ich mir sonst darunter vorgestellt habe. Vielleicht hätte man doch Bruschetta essen sollen. Der Laden mit angrenzendem Hotel machte mehr her. Auch die Auswahl der Speisen schienen erahnen zu lassen, dass dort ggf. noch mehr zu holen sei (Hummer, Paella, Austern etc.).

FAZIT: Ein hochpreisiger Italiener sieht anders aus.

Carlitos Pizzas Empanadas–El, EE

Ruta Las Uvas-El Valle de Anton, Anton Valley

Aufgrund des Feiertags (Unabhängigkeitstag von Spanien) und der daraus resultierenden geschlossenen Restaurants gab es kulinarisch leider kaum eine Alternative. (Und ins Bruschetta bekamen uns keine zehn Pferde mehr. A propos Pferd, das wurde hier tatsächlich noch als Verkehrsmittel benutzt.) Aber zurück zur Pizzabude. Der Service war hier auf Zack und sprach die nötigen Brocken Englisch. Wir bestellten Pizza. Die Pizzen waren leider Tiefkühlkost, aber sie waren ok. Mein Eistee kam im unökonomischen Styroporbecher daher. Das Thema Plastikvermeidung schien hier in den Köpfen noch nicht angekommen zu sein. Meine Pizza Funghi hat knapp 9 $ gekostet, Chris hat für seine Pizza Hawaii um extra Ananas gebeten, was mit 3 $ zu Buche schlug (wahrscheinlich mussten die zusätzlichen Stückchen von einer anderen Tiefkühlpizza runtergekratzt werden). Der recht unspektakuläre gemischte Salat (Eisbergsalat, Tomaten, Zwiebeln, Oliven) kostete auch knapp 9 $. Dennoch: Alles besser als verhungern.

Tipp: Vielleicht habt ihr hier mit dem Essen mehr Glück. Das spanische Restaurante Asador Don Quijote und La Tasca de Triana wurden uns im Nachhinein empfohlen..

SANTA CATALINA – kurz vorm Paradies

Voller Tatendrang hatten wir uns einen Leihwagen über die Firma National ausgeliehen, um damit das Örtchen Santa Catalina am Pazifik aufzusuchen. Alternativ kann man natürlich auch hierfür den Bus nehmen. Dafür müsst ihr von der Innenstadt zur Albrook Mall. Ihr nehmt einen Bus mit der Aufschrift Albrook, die größte Shopping Mall Südamerikas und der Bahnhof sind mit einander verknüpft. Danach sucht ihr einen Schalter mit dem Banner Soná. Der Weg nach Santa Catalina führt immer über Soná (Preis: 8 $, Fahrzeit: 6 h). Schaut, dass ihr vor dem letzten Bus um 16 Uhr, der von Soná nach Santa Catalina fährt, in Soná ankommt. Denn Soná lohnt sich absolut nicht. In Soná ist es ganz einfach, sobald ihr aussteigt, fragen euch die herumstehenden Fahrer vor Ort „Santa Catalina“. Tickets werden beim Fahrer gekauft und bezahlt, wenn ihr aussteigt (Preis: 6 $, Fahrzeit 1,10 h). Ca. 5 Stunden betrug die Fahrtzeit

mit dem Auto auf der recht eintönigen Strecke, die einem amerikanischen Highway glich (ein Glück gibt es in Panama auch McDonalds, sonst würde einem wirklich etwas fehlen). Sobald man vom Highway abfährt (ACHTUNG: vor der Abfahrt unbedingt tanken und Geld abheben, sonst ist man gelackmeiert), wird es richtig idyllisch. Liebevoll angelegte Gärten und bunte Fähnchen schmückten die Straßen bis zum eigentlichen Zielort. Santa Catalina ist der Ausgangspunkt für Bootsausflüge zum Isla Coiba Nationalpark. Dieser ist außerdem der beste Tauch- und Schnorchelspot in ganz Panama. Auch ist die Umgebung als Surfspot bekannt. Das Örtchen selber hat sonst nicht allzu viel zu bieten. Es besteht aus zwei Straßen an der Pazifikküste. Ein paar Hostels, Tauch-, Schnorchel-, Surf-Läden und Restaurants. Das war es schon und ansonsten viel Paradies.
In Santa Catalina gelangt man an der Straße direkt geradeaus zu dem kleinen Strand Playa Santa Catalina. Dort gibt es einen Blick auf die Isla Santa Catalina, zu der man mit dem Kanu herüber kann. Der Straße links folgt man zu dem Strand Playa Estero. Nach 15 Minuten steht man an einem Fluss.
Das ist schon abenteuerlich. Denn ja, tatsächlich, der muss überquert werden, um an den Strand zu kommen. Meist ist es möglich durch den Fluss zu laufen ohne, dass das Bikinihöschen nass wird. Wenn jedoch Flut ist, kann es schon einmal heißen: Schuhe aus, Tasche über den Kopf und schwimmen.

B&B Cabañas Sol y Mar ***, €

Camino a Curiñanco, Valdivia

Das B&B liegt sehr idyllisch (und ein wenig schweißtreibend) auf einem Hügel und bietet eine fantastische Aussicht auf das Meer und den Dschungel. Das Hotel bot sechs stylische Zimmer, die alle über Warmwasser und eine Klimaanlage verfügten. Nachts durfte man allerdings nicht zu knülle sein, um zurück zu seinem Zimmer zu gelangen, da es keinerlei Begrenzung gab, die einen Sturz in die Untiefen des Dschungels verhindern würde. Ein kleiner Pool direkt oben am hoteleigenen Restaurant bot nach dem Aufstieg eine willkommene Abkühlung. Der ein oder andere Leguan schaute einem hier beim Plantschen zu (Schwimmen konnte man das bei der Größe des Pools nicht nennen). Eine Ziplinestation befand sich oben im Restaurant, die wir aber nie in Betrieb sahen. (Sehr vertrauenserweckend wirkte diese auf mich nicht.)

www.cabanassolymar.com

Restaurant Cabañas Sol y Mar, €€

Die Auswahl der Speisen war seeeeehr begrenzt. Eine richtige Karte gab es hier nicht und der Spanisch sprechende Koch erklärte sehr bemüht die drei Tagesgerichte (auf Spanisch versteht sich). Wir hatten somit vegetarische Pasta mit teilweise undefinierbarem Gemüse ca. 11 $, Pasta Bolognese ca. 13 $ und ein traumhaftes Hühnchen in Maracuja Soße mit Kartoffeln und Gemüse. Auch wurde mir ein einfacher gemischter Salat gezaubert, obwohl es den gar nicht auf der imaginären Karte gab. Bestehend aus Salat, Tomaten und Gurken. Man tut, was man kann. Auch wurde hier unter Einsatz des Lebens eine Tarantel eingefangen, die uns um die Füße lief.

Anbei noch ein paar weitere Restauranttipps:

Direkt im Dorf gab es das süßeste Café Santa Catalinas, das Sugar Mamas. Von einer Panamaerin geleitet, die einfach Süßes liebt. Auch die kleine Pizzeria Stefania befand sich hier mit guten Fischtellern und Obstsalaten. Unfassbar schön angerichtet, große Portionen und dem netten Geplauder der Inhaberin.

Am Strand Playa Estero lag das Hostel Mama Ines, es hatte zudem auch eine kleine Balkonbar. Ein buntes Haus an der Klippe. Hier schlürfte sich herrlich ein Milchshake mit frischen Früchten und Meeres-Panorama. Man kam direkt von der Strandseite aus dorthin, über eine bunte Treppe am Fuß des Flusses.

Unser Highlight

Tauchen und Schnorcheln um Coiba,
der größten unbewohnten Insel der Welt

Dieses Kapitel einfach überspringen, wenn man nicht vorhat auf irgendeine Art und Weise ins Meer zu gehen, ansonsten gerne durchlesen, da es **überlebenswichtige Tipps** beinhaltet.

Seit 2005 gehört der Coiba Nationalpark zum UNESCO Weltkulturerbe. 22 km südlich vor Panamas Küste, im Pazifik gelegen, war die Insel Coiba von 1919 bis 2004 eine Gefängnisinsel. Durch den über 80 Jahre lang sehr beschränkten Zutritt von Menschen, blieb die Natur dort unberührt und ist heute streng geschützt.

Nach einem netten Frühstück in unserem Hügel-Hotel ging es nun für uns auf eine 2-tägige Tauchsafari mit Herbies Tauchschule Scuba Coiba (Calle Estero, neben dem Hotel Cocobolo, direkt am Meer gelegen). Da ich schneller schwanger wurde als geplant, bin ich leider nur zum Schnorcheln mit, aber auch das hatte sich gelohnt. Direkt 10 Minuten nach Abfahrt durften wir eine Buckelwalmutter mit ihrem Jungen bestaunen, anscheinend sehr selten Ende November. Insgesamt waren wir vier Touristen auf der Nussschale plus der kanadischen Tauchlehrerin, dem Skipper und einem Rastamann für alle Fälle. Drei Tauchgänge pro Tag standen auf dem Programm. Ich fasse mal zusammen:

Buckelwale – nothing else

Außer einer ganzen Menge Weißspitzenriffhaie durften die Taucher noch zwei Walhaie sowie einen Mantarochen und Schildkröten beobachten. Delfinmutti mit Babydelfin konnte ich sowohl an der Oberfläche sowie die Taucher unter Wasser sehen. Kugelfische, Kofferfische, Papageienfische, Militärfische, Muränen und diverse bunte Fischschwärme waren uns allen vergönnt.
Ich sag' mal, hat sich gelohnt!!!

Snacks (Chips, Kekse, Obst) und Mittagessen (mal Wraps zum selber belegen, mal Hühnchen oder Fisch mit Reis, Bananen (was sonst), Gemüse und Rosinen) wurden am ersten Tag auf einem idyllischen Strandabschnitt des Nationalparks Coiba gereicht. Übernachtet haben dann alle in einem sehr spartanischen Hostel auf der kleinen Insel Bahia Honda.

Tipp: Hier ging man am besten mit Stirnlampe duschen, da der Strom erst gegen 18.30 Uhr angeschaltet wurde und bis dahin war es leider schon stockdunkel. Den Sonnenuntergang vor dem Abendessen genossen wir mit Graupelikanen, die blitzschnell ins Wasser schossen, um sich ihr eigenes Abendessen zu organisieren und ein paar netten Anekdoten unserer Tauchlehrerin inmitten des recht vermüllten Ortskerns. Bier für die Jungs gab's dann reichlich für lau bzw. war im Tauchpreis inkludiert. Das Abendessen wurde in einer knastähnlichen Atmosphäre serviert, kahler Raum mit Gittern an den Fenstern. In unserem Fall gab's Huhn mit Gemüse und Kartoffeln. So konnte der Tag erfolgreich beendet werden. Die Nacht war wegen des laufenden Stromgenerators dann weniger erholsam. Der Ausblick über die Bucht mit den fliegenden Fischen am Morgen hingegen machte dies wieder wett.

Neuer Tag, neues Tauchglück und das im wahrsten Sinne des Wortes.

Erster Stopp Shark City. Jetzt könnte man meinen das Glück bestünde darin, dass die Taucher von einer Vielzahl Bullenhaien umzingelt wurden (was angeblich schon passiert sei), aber nein, vielmehr bestand es darin, dass alle Taucher gerade abgetaucht waren als eine hochgiftige Plättchen-Seeschlange an unserem Boot vorbei

Angeblich bekommt man diese giftige Seeschlange nur im Februar zu Gesicht. Aber ich sag' mal: bitte das ganze Jahr aufpassen!

schwamm. Ich persönlich habe dort jedenfalls nicht mehr geschnorchelt, nachdem mir erzählt wurde, dass schon einige Fischer aufgrund ihres Bisses ums Leben kamen. Sie beißen angeblich gerne in die Finger-Zwischenräume oder die Ohren, daher sollte man die Hände am besten auf die Ohren halten, nur dass man dann vermutlich absäuft. Beide Todesvorstellungen hatten keinen Reiz für mich, sodass ich lieber bis zum nächsten Tauchspot wartete, zumal mich sowieso schon alle für verrückt erklärt hatten, schwanger nach Panama zu fliegen. Gelohnt hatte es sich für mich als Schnorchlerin dennoch, da ich dort kleine Haie und auch Schildkröten beobachten durfte. Unsere Dekompressionspausen wurden diesmal auf einer anderen Insel des Coiba Nationalparks eingehalten. Hier tummelten sich dann und wann auch Salzwasserkrokodile, sodass man hier zwingend auf die Fußspuren achten sollte, damit man einen groben Überblick über den Aufenthalt der Viecher behält. Zum Glück jagen diese wohl nur nachts. Eins davon wurde auf den Namen Tito getauft. Hier noch eine kleine Anekdote: Tito ist relativ zahm, da er abends immer mit Fischresten

Die Fußabdrücke der Salzwasserkrokodile sind nicht zu übersehen.

von einem Ranger aus einer weißen Plastiktüte gefüttert wurde. Wie es der Zufall wollte, jagte Tito eines Abends einen sehr verschreckten Touristen über den Strand. Warum? Nun ja, er wollte ein Foto mit Tito schießen und trug zudem auch eine weiße Plastiktüte mit sich. Wer kann es Tito verdenken, dass er dort drinnen sein Abendessen vermutete. An diesem Abend war zufällig auch der Nationalparkdirektor anwesend und von nun an war das Füttern von Tito verboten. Außerdem wurde direkt am nächsten Tag (was für ein Bauvorhaben in Panama einer kleinen Sensation glich) ein Zaun für lebensmüde Selfie-Touris errichtet, der den Krokodilbereich von dem paradiesischen Strandabschnitt der Badegäste trennte. Dieser hielt allerdings nicht lange, denn ein paar Krokodile lassen sich doch nicht von so einem Zaun aufhalten, sodass man jetzt wieder Todes-Selfies mit Tito machen kann. **Tipp:** Am besten man nimmt gleich eine weiße Plastiktüte mit, dann wird es ein unvergessliches Foto.

Preis pro Person für die zweitägige Tauchsafari inkl. Ausrüstung, Essen, Übernachtung und einer Menge lokalen Bieres ca. 350 Euro. Unser **Tipp:** Am besten vorab über Latin America Tours buchen. Da bekommt man bessere Konditionen.

PROVINZ CHIRIQUÍ – Berge, verschwundene Mädchen und ein Vulkan

Chiriquí ist eine große Provinz, die im Norden an Bocas del Toro und im Westen an Costa Rica grenzt. Die Provinz besitzt eine der reichsten Artenvielfalten des Landes im Wald, in den Bergen und im Meer. Sie umfasst zudem ein weitreichendes Gebiet der zentralen Gebirgsketten, die in der höchsten Spitze des Landes, dem Vulkan Barú mit seinen 3.475 m, gipfelt. David ist die Hauptstadt dieser Provinz, durch die wir unweigerlich fahren mussten, um zu unserem nächsten Zielort Bajo Boquete zu gelangen.

David ist die drittgrößte Stadt des Landes und besitzt wenig Charme und keine Sehenswürdigkeiten. Von daher einfach schnell durchfahren (allerdings nicht zu schnell, sonst wird man von einem der zahlreichen Motorradcops rausgewunken). Für Touristen dient David meist nur als Umsteigeort.

BAJO BOQUETE

Die Bergregion Bajo Boquete in der Nähe von Costa Rica verfügt über üppig grüne Landschaften, ein beeindruckendes Hochland vulkanischen Ursprungs und sehr angenehme nicht so schwüle Temperaturen. Boquete liegt auf 1.200 m Höhe und wird aufgrund seiner Fruchtbarkeit auch als „das Land der Blumen des Kaffees" bezeichnet. Viele Restaurants in dem schnuckeligen Ort werden von amerikanischen oder europäischen Auswanderern betrieben. (Was der Qualität des Essens zu Gute kommt. Endlich mal weniger Bananen). Zudem scheinen viele ihre Rente hier zu genießen. Nichts desto trotz können hier außer ruhigen Seniorenwanderungen

auch noch actionreichere Aktivitäten unternommen werden, wie z. B. eine „adrenalingeladene" Kaffeeplantagenbesichtigung (lach), die uns wärmstens empfohlen wurde (z. B. über „Don Pepe", Englischkenntnisse zwingend vorausgesetzt). Weitere Aktivitäten wie Rafting, Kanu fahren, Klettern, Mountainbike fahren und Reiten können hier außerdem gebucht werden.

Die Auswahl an Wanderungen war groß. Bekannt und empfehlenswert waren u. a. die „Lost Waterfalls Tour", die „Pipeline Tour", der „Pianasta Trail" und der „Quetzal Trail". Letzteres ist nach dem beheimateten hübschen Quetzal Vogel benannt. Die Strecke endete nach ca. 8 km in Cerro Punta. Von Cerro Punta aus fuhr ein Bus wieder zurück nach David, von wo aus man wieder nach Boquete kam. Wenn man in Boquete startet, geht der Weg immer bergauf, sodass man sich vorher entschieden haben sollte, wie anstrengend das Ganze werden soll.

Die wohl spektakulärste Route führte hoch zum ruhenden Vulkan Barú. Er ist mit ca. 3.475 Metern der höchste Punkt Panamas und somit für mich als Schwangere leider zu hoch. Dennoch möchte ich aus Gesprächen vor Ort das Wichtigste zusammen fassen. Die Wanderung dauert ca. sechs Stunden je Richtung, sodass man eine gewisse Zeit im Dunkeln wandern muss. Daher sollte die Tour nicht ohne Guide erfolgen. Beliebt sind Touren, deren Ziel der Sonnenaufgang an der Spitze des Vulkans ist, von wo aus man beide Ozeane betrachten kann. Die Touren kosten ca. 100 $. Alternativ kann auch auf einem kleinen Campingplatz im selbstmitgebrachten Zelt übernachtet werden.

Tipp: Warme Kleidung und genügend Wasser mitnehmen. Die Temperaturen sinken dort oben schon mal unter Null Grad. Auch kann man den Ausblick nur außerhalb der Regenzeit genießen.

Auf dem Weg dorthin geht's an der sehenswerten Fels- und Kletterwand „Los Ladrillos" im Ortsteil „Bajo Mono" vorbei. Auch für Kletterbegeisterte aus aller Welt ist das beeindruckende Felsmassiv mit der auffälligen Struktur ein beliebtes Ziel.

Die Felswand Los Ladrillos (Die Ziegel) liegt nur ca. 10 Minuten von Boquete Downtown entfernt.

Unser Highlight

THE LOST WATERFALLS

Entgegen vieler Touristen, die die Strecke um den „Pianasta Trail", wo 2014 die beiden Holländerinnen Kris Kremers und Lisanne Froon verschwanden, nehmen, gehören wir nicht zu den Sensationstouristen, die sich dieser schrecklichen Tragödie nahe fühlen wollten. Bis dato blieb es ungeklärt, was den jungen Frauen wirklich passiert war. Knochenfragmente wurden Tage nach ihrem Verschwinden im Dschungel gefunden und es gibt zahlreiche Internetberichte, die die wildesten Theorien verfolgen. **Wir entschieden uns für die Route: The lost waterfalls.** Länge bis zum 3. Wasserfall und zurück ca. 5 km. Höhenmeter bis ca. 1.795 m. Eintritt 7 $, weil der Weg teilweise durch Privatgelände führte. Hier wird definitiv kein Guide benötigt, was überteuerte 39 $ kosten würde. Wir fanden diese Tour wunderschön. Sie war nicht ganz anspruchslos, da die Steine sehr rutschig und der Boden uneben waren. Um zum 3. Wasserfall zu gelangen, konnte man sich zusätzlich an zwei Seilen festhalten, da es dort relativ steil nach oben ging. Die Umgebung glich einem Zauberwald mit moosbewachsenen Lianen und umgekippten Baumstämmen. Trotz meiner Schwangerschaft (6. Monat) habe ich die 5 km mit ein paar mehr Pausen als sonst meistern können, es gab aber auch einige jugendliche Touristen, die die Tour vorher abbrachen. Ein bisschen Kondition war hier schon vonnöten. In ein paar Wasserfällen hätte man auch baden können. Außerdem war der Pfad nicht überlaufen. Für uns absolut empfehlenswert.

Santuario Lodge Agro Hotel **, €€€

Calle Principal – El Santuario, Los Naranjos

Die Santuario Lodge liegt auf dem Plateau El Santuario neben dem Vulkan Barú und bietet einen atemberaubenden Blick auf das Tal. Der traumhafte Garten mit seinen Steinskulpturen erinnerte ein bisschen an die Inkas-Dynastie. Die Lodge bietet sowohl Cottages als auch Hotelzimmer, die alle mit Kabel-TV und kostenfreiem WLAN ausgestattet sind. Die Cottages verfügen jeweils über ein Schlafzimmer und einen Wohnbereich, einige auch über eine eigene Terrasse oder eine Küche. Der Fluss Palo Alto ist nur ein paar Minuten entfernt, die Stadt Boquete erreicht man nach 5 Fahrminuten. Unser traumhaft gelegener Bungalow mit toller Terrasse und Blick auf den Vulkan.

Der Garten war sehr liebevoll angelegt und das Personal wirkte kompetent und hilfsbereit. An der Rezeption gab es Snackgurken, sowie kleine Paprika aus eigenem Anbau. **Fazit:** Verdient definitiv mehr Sterne

Restaurante Colibri, €€

Calle 2a Sur,
Bajo Boquete

Hier ist der Name auch Programm, denn auf der Terrasse findet man viele der zahlreichen Minivögel, die durch Zuckertränken angelockt werden. (Ich hoffe, ich treffe demnächst auf das Restaurant Zweifingerfaultier, die ich bis dato noch nicht in freier Wildbahn erleben durfte.) Ein echtes Gourmetrestaurant bietet im schönen Ambiente eine ausgefallene Küche auf höherem Niveau. Wir hatten den veganen Hamburger mit Quinoa, Falafel, Hummus aus weißen Bohnen, Salat und Tomaten aus dem hauseigenen Garten in rosa Brötchen mit hausgemachten Pommes für 14 $ und die Hühnerbrust mit Kartoffelstampf auf Gemüsebeet für 18 $. Zudem den wohl besten Mojito, den Chris jemals zuvor hatte. Man merkt, dass das Restaurant von einem Expat betrieben wird. Glutenfreies Brot gab es vorab und eine Weinkarte vervollständigte das Ganze.

Fazit:
Unbedingt hingehen!

Big Daddy's Grill, E

Via Boquete

Von der Straße aus wirkte das Restaurant eher uneinladend und recht unspektakulär, aber hinten auf der Terrasse verbarg sich ein kleines Juwel.

Das optische Highlight war ein großes rundes Feuer, um das man bequem mit einer großen Gruppe sitzen konnte. Das Personal sprach Englisch. Auch die etwas wirre Speisekarte war zweisprachig. Das Preis-Leistungsverhältnis ist hier top. Wir hatten einen Burger mit Curly Fries, obwohl Reis und Bohnen bestellt waren. Außerdem ein „vegetarisches Hamburger Steak" (was auch immer diese Kombi uns sagen sollte) mit Reis, Gemüse und Curly Fries. Das undefinierbare vegetarische Teil schmeckte trotz ordentlich nachsalzen und mit viel Mayo leider nach absolut gar nichts. Chris' Burger war super. Meine hausgemachte Limo und die Beilagen waren auch top.

FAZIT: Hier wird man günstig satt.

The Rock, €€€

Av. Buenos Aires,
Los Naranjos

Das Restaurant lockte mit verschiedenen Themenabenden. Wir waren an einem Mittwoch Abend dort, was einen mexikanischen Abend bedeutete. Alles war dementsprechend bunt geschmückt und für 19 $ konnte man sich an dem mexikanischen Buffet gütlich tun. Für mich als Vegetarierin, die zwar Fisch isst, war die Auswahl leider sehr mau. Einzig die Nachos mit verschiedenen Dipps hätten mich gereizt. Wir entschieden uns für Gerichte à la carte. Spaghetti mit Gambas 19 $, die wirklich lecker waren, Carpaccio 12 $ und Rind auf Kartoffelstampf 19 $. Vorab gab es einen kleinen Laib Brot mit Olivenöl und Balsamicoessig. Der Nachtisch beinhaltete Variationen von heimischen Erdbeeren aus Boquete (süße Erdbeeren pur, Sahne, englische Creme, Eis, Keks) für 9 $. Wir waren mit dem Essen und Service rundum zufrieden. Auch das Ambiente konnte sich mit Ausblick auf einen gepflegten großen Garten sehen lassen.

FAZIT: Sich vorher den Themenabend aussuchen und unbedingt hingehen.

Bocas del Toro

ist eine Provinz, die aus mehreren Inseln vor der Karibikküste und einem Teil auf dem Festland besteht. Wir übernachteten auf der Hauptinsel Isla Colón. Diese erreicht ihr von Panama City aus am schnellsten mit dem Flugzeug. Panama Air fliegt mehrmals am Tag vom Albrook Flughafen mit kleinen Propellermaschinen dorthin. Der Flug dauert eine Stunde. Alternativ könnt ihr die Bocas del Toro Inseln über Land erreichen. Von Panama City aus gibt es einen direkten Nachtbus nach Almirante, ein anderer Direktbus fährt morgens. Der Bus braucht etwa 10 Stunden.
Wir waren wieder mit unserem Mietwagen unterwegs. Für ein paar Dollar konnten wir ihn auf einem bewachten Parkplatz in Almirante abstellen.

Von hier aus fahren zwischen 6 und 18 Uhr halbstündlich Wassertaxis zur Isla Colón. Auf der Hauptinsel ging es etwas touristischer zu, was man an der Vielzahl der Restaurants, Backpacker und auch Diskos bemerkte. Happy Hour gab es hier an jeder Ecke. An Unternehmungsmöglichkeiten mangelte es hier auch nicht. So konnte man auf Isla Colón z. B. den Seesternstrand besuchen, Stand-Up Paddels oder Quads ausleihen, Touren zu den benachbarten Inseln wie z. B. zur Delfinbucht, zum Roten Frosch Strand oder zur Faultierinsel buchen oder sich kostengünstig volllaufen lassen. Letzteres fiel für mich leider flach. Ein Besuch der Plastic Bottle Village war auf jeden Fall lohnenswert. Der Gründer

Robert Bezeau möchte mit seinem Projekt auf den übermäßigen Gebrauch von Plastik hinweisen. Durch so ein Dorf aus Plastikflaschen zu laufen konnte einem noch einmal deutlich die Augen öffnen. Außerdem ist die Region um Bocas del Toro ideal für den Kakaoanbau geeignet. Auf der Nachbarinsel Isla Bastimentos wurde im Jahr 2002 deshalb eine Eco-Farm mit dem Namen Up in the Hill gegründet, welche seitdem Touren anbietet. Mit dem Wassertaxi könnt ihr morgens zur Isla Bastimentos übersetzen und etwa 20 Minuten zur Farm laufen. Um 11 Uhr begann dort die Tour, bei der ihr Obst und Schokolade kosten und viel über die Produktion auf der Farm erfahren könnt. Einen guten Einblick in Natur und Tierwelt der Bocas del Toro Inseln bietet das Smithsonian Research Center auf der Isla Colón. Auch hier gibt es zweimal die Woche eine Führung, welche noch dazu kostenlos ist. Die Führungen finden donnerstags und freitags um jeweils 15 und 16 Uhr statt. Kommt unbedingt ein paar Minuten früher, die Touren gehen sehr pünktlich los und dauern etwa eine Stunde. Auf dem Grundstück des Research Center könnt ihr Faultiere, Vögel, Ameisenstraßen und sogar Baby-Alligatoren sichten.

Zu unserem Hotel Divers Paradise Boutique gehörte selbstverständlich auch eine Tauchschule. Hier hatte sich Chris direkt für den nächsten Tag für zwei Tauchgänge um 14 Uhr einschreiben lassen. Kostenpunkt 100 $ (10 % Discount, weil wir im angrenzenden Hotel nächtigten), für's Schnorcheln hatte man uns 22,40 $ abgeknöpft. Hätte man das Hotel direkt gebucht, wäre Schnorcheln kostenlos gewesen. Naja, hinterher ist man immer schlauer. Alles hier wirkte noch sehr neu und modern. Auch das Boot war nicht zu vergleichen mit dem Kahn auf Santa Catalina, sehr groß und sehr sauber. Die Tauch- und Schnorchelgänge konnten allerdings nicht mit denen von Coiba mithalten. Auf dem Weg zum ersten Stopp sahen wir zwar einen Delfin, das war aber schon das Highlight. Der 1. Tauchgang ging auf 12 – 16 m runter. Ganz charmant war der Name: Grandma's Garden. Hier sah man einen Rochen und viele kleine Fische. Der Guide war sehr bemüht die Taucher auf jede noch so kleine Krabbe aufmerksam zu machen und der Name wurde auch direkt auf einem Brett notiert. Die ganze Gruppe war auf einer sehr akribischen Entdeckungstour. Jeder Stein wurde von allen Seiten beleuchtet. Ich als Schnorchlerin und gleichzeitig als Warnboje (ich musste eine Schwimmweste falschherum anziehen, damit vorbeifahrende Boote mich sahen) hatte einen Wald von mega großen Seesternen entdeckt.

Das blieb dann mein persönliches Highlight. Diese blieben den Tauchern verwehrt. Nach einer kleinen Obstpause an Board ging's dann im 2. Tauchgang auch nicht tiefer runter. Hier wurde ein sehr schönes Wrack besucht. Aufgrund der geringen Tiefen blieben die Taucher auch jedes Mal fast eine Stunde weg, sodass ich genug Zeit zum Relaxen an Board hatte. Nach der Tour gab es das ausführlichste Rebriefing, was wir beide jemals erlebt hatten. Obwohl man „so gut wie nichts" gesehen hatte, wurde anhand von zwei Fischbestimmungsbüchern jede kleinste Krabbe genau unter die Lupe genommen. Nach über zwei Stunden Nachhilfe in Ozeanologie hatten Chris und ich uns mit einer Notlüge verabschiedet. Nichts desto trotz glänzt Chris' Logbuch jetzt mit diversen Fisch-, Krabben- und auch Seegurkennamen, die wir zuvor noch nie gehört hatten.

Hier mal ein paar Beispiele inklusive englischer Übersetzung, damit ihr nicht so dumm dasteht, wie wir.

Interessant zu wissen ist auch, dass hier der Feuerfisch, genau wie ich es zuvor auf Curaçao gehört hatte, zu einer Plage in der Karibik geworden ist und die heimischen Fischarten aufgrund seines schier endlosen Appetits vertreibt. Auch wenn er spektakulär anzusehen ist, sollte er auf der Speisekarte eines Restaurants auftauchen, immer essen, er schmeckt fantastisch! Außerdem erfuhren wir, dass diese Tauchbasis wohl regelmäßig Plastik-Säuberungsaktionen unter Wasser durchführt, ein netter Film darüber lief den ganzen Tag in den Räumlichkeiten vor Ort. Ich muss sagen, dass ich wirklich kaum Plastik im Meer entdecken konnte.
Daumen hoch für so viel Engagement.

Privater Bootstrip

Unser Highlight

Da wir keine Lust hatten eine Tour mit mehreren Touristen zu buchen, hatten wir uns auf die Suche nach einem Privatboot gemacht. Das war auch kein Problem. Viele Buden hier auf der Hauptstraße boten so etwas an. Allerdings schwankten die Preise auch zwischen 90 bis 180 $. Da wir weder mit einem schicken Katamaran raus wollten noch mit Lunch an Board versorgt werden wollten, hatten wir uns für die günstigste und auch schrammeligste Bude vor Ort entschieden. Der Kapitän fuhr uns dann leider im strömenden Regen zur Delfinbucht. Und ihr ahnt es schon..., was gab's nicht zu sehen, obwohl die angeblich jeden Tag dort sind? Richtig, Delfine! Also weiter. Durch traumhaftschöne Mangroven ging es weiter zu einer Korallenbucht, wo wir schnorcheln konnten. Hier habe ich tatsächlich wieder mehr gesehen, als Tags zuvor. (Im Wasser merkt man den Regen dann auch nicht so.) Weiter zum Lunch ging es zu einem kleinen Familienbetrieb, deren Mitglieder anscheinend mitten in den Mangroven wohnten. Dort hatten wir tolle Shrimps und einen wahnsinnig leckeren Red Snapper mit Beilagen je 18 $. Im Anschluss ging es dann endlich zur langersehnten Faultierinsel (Sloth Island). Ich war schon leicht demotiviert, da es hieß: „Faultiere sieht man hier immer". (Jaja, genau wie bei den Delfinen, was?). Aber tatsächlich drei Stück sahen wir aus der Ferne und an zweien konnte der Kapitän richtig nah heran fahren. Aufgrund des Wetters hatten sie

sich selber eng umschlungen und haben geschlafen (was sollten Faultiere auch anderes tun). Sie waren viel kleiner als erwartet und saßen auf wirklich dünnen Zweigen. Aufgrund der Algen in ihrem Fell waren sie wirklich perfekt getarnt. Von uns haben sie sich nicht stören lassen und leider fiel auch keines runter, was ich aus dem Wasser hätte retten können. Aber Faultiere sind sogar richtig gute Schwimmer, für jeden der das noch nicht wusste. Sie lassen sich manchmal sogar absichtlich ins Wasser plumpsen und kraulen dann zur nächsten Mangrove.

Und hier noch ein paar interessante Fakten über Faultiere. Sie können 25 bis 40 Jahre alt werden. Sie schlafen zwischen 15 und 20 Stunden am Tag (kein Wunder, dass wir kein Waches zu Gesicht bekamen). Sie verbringen fast ihr ganzes Leben, um vor Gefahren wie Raubkatzen etc. geschützt zu sein auf Bäumen, auf denen sie schlafen, essen, sich paaren und ihre Jungen bekommen. Sie sterben sogar auf

den Bäumen und fallen aufgrund ihres festen Griffs auch nicht runter (jetzt frage ich mich, ob die, die wir gesehen hatten vielleicht auch schon tot waren?). Und was ist, wenn das Faultier mal Pippi muss? Dann klettert es tatsächlich runter, das passiert

aber nur einmal in 1–2 Wochen (die Glücklichen, was würde ich in der Schwangerschaft dafür geben.) Für den Ausflug ist es vielleicht noch interessant zu wissen, dass man hier nicht aussteigen kann, die Faultierinsel ist KEINE Insel im eigentlichen Sinne, sondern eher eine Mangrovenwaldansammlung, die keinen Steg, Strand oder Weg besitzt. Aber

ich war selig und für mich hatte sich der Trip im Endeffekt gelohnt. Zusätzlich bot uns der Kapitän an, uns zum Red Frog Beach zu fahren, dort hätten wir 5 $ pro Person Eintritt zahlen müssen, um einen taraaaaaaa Strand zu sehen, darauf hatten wir aufgrund der Wetterlage verzichtet.

Zum Vergleich: Touren zur Delfinbucht mit Halt an zwei unspektakulären Buchten konnte man für ca. 30 $ pro Person im überfüllten Touristenbötchen (ca. 10 Touris) buchen. Unsere Tour wurde so nicht angeboten und wir konnten individuell entscheiden, wie lange wir wo anhalten wollten.

Divers Paradise Boutique Hotel, €€

Avenida Sur con Calle 4

Das Hotel selber wurde getreu des Tauchermottos gestaltet. Gemalte Quallenbilder im Zimmer und die Flure waren mit altem Taucherequipment dekoriert. Alles in allem sehr modern und geschmackvoll eingerichtet. Zudem verfügte das Hotel über ein Restaurant. Im Tauchcenter sowie im Restaurant gab es 10 % Rabatt auf alle Leistungen, wenn man in diesem Hotel auch nächtigt. Stand-Up-Paddleboards und Kajaks konnten kostenlos ausgeliehen werden. 2 – 3 mal pro Woche gab es hier Live-Musik. Das Frühstück konnte man sich von der Karte aussuchen. Leider waren von fünf Optionen zwei schon nicht verfügbar. Tschüss Shrimp Muffin und Adios Pancake (welch eine hoffnungsvolle Abwechslung nach den ganzen „ungeborenen Hühnerfarmen“, die ich bis dato schon verspeist hatte). Ok, dann halt French Toast. Das wurde eher als „French Baguette“ serviert. Ihr ahnt es schon, Toast war aus. Nächsten Tag gab's dann wieder mehr Auswahl. Joghurt mit einem Hauch Müsli und frischen Früchten.

Restaurant Pier 19, €

Avenida Sur con Calle 4

Hier gab es für uns vegetarische Tacos mit Mais, Bohnen und Käse überbacken mit Sour Creme (auch diese waren etwas geschmacksneutral, ich würze anscheinend zu Hause einfach mehr). Kostenpunkt: 12 $. Chris hatte eine Thunfisch Bowle. Der Fisch war großes Kino 18 $. Dazu noch einen Aperol Spritz für 8 $ (also Chris, nicht ich... ich begnügte mich mal wieder mit dem kostenlosen Leitungswasser, da der Maracuja Smoothie aus war).

La Italiana, Pizza Bar, €

Calle Principal 3A

Hierhin hatten wir uns verirrt, weil der Laden zum einen gemütlich aussah und zum anderen sehr gut besucht war. Die Pizzen haben fantastisch geschmeckt, da sie in einem klassischen Pizzaofen zubereitet wurden. Der griechische Salat für 8,50 $ war etwas mau, aber dennoch sehr lecker. Wenn man hier zur Happy Hour einkehrte, gab es eine Pizza plus Bier bzw. Soda für 6 $, der Preis war wirklich unschlagbar. Mein Maracuja-Smoothie wurde auf Wunsch auch ohne Zucker serviert und kostete 4,50 $. Der Besitzer war sehr zuvorkommend und das Essen wurde zügig serviert. **FAZIT:** Wer Lust auf eine authentische Pizza hat, ist hier gut aufgehoben.

Las Lajas – 20 km langer Strand

Der Strand von Las Lajas gehört zu den schönsten Stränden der Pazifikküste Panamas. 20 km erstreckt sich einer der längsten Palmen-Sand-Strände Mittelamerikas. Dieser wird von vielen Einheimischen besucht und ist daher auch nicht ganz so sauber. Eine Cocktailbar sucht man hier vergebens, genauso wie einen kostenfreien Parkplatz (die Stellplätze schlagen mit 5 $ zu Buche) oder Liegen mit Sonnenschirmen. Dafür gab es ein kostenloses Wellenbad. Für Surfer bestimmt ein Paradies, die wir aber nicht sahen. Wir fuhren mit unserem Leihwagen nach Las Lajas, aber natürlich kommt man auch mit dem Bus hier hin. Der nächste ATM liegt 10 Fahrminuten entfernt bei San Felix, es gab zwei Supermärkte, wovon zumindest der eine gut sortiert war, eine Pizzeria und ein Restaurant mit lokalem Essen. Am Strand gab es dann noch zwei weitere Möglichkeiten, um etwas zu essen. Die müssen aber gesucht werden, je nachdem, welche Abzweigung zum Strand man genommen hatte.

Hotel Finca Buena Vista, €

Calle 12 de Octubre

Das erste Mal, dass wir bei Deutschen untergekommen sind. Die Zimmer mit einer Größe von knapp 30 qm sind grundsätzlich als Doppelzimmer konzipiert und liebevoll eingerichtet und besitzen natürlich jeweils ein Bad mit Warmwasser, Dusche und WC. Unser Bungalow mit Terrasse hatte einen wunderschönen Ausblick und zur Abkühlung sprangen wir direkt mal in den kleinen Pool. Zum Frühstück gab es Käse und Wurst. Welch' herrliche Einstimmung auf zuhause. Dazu frische Früchte, Joghurt und natürlich ein Ei in welcher Form man es wünscht. Das ausgewanderte Pärchen war sehr zuvorkommend und hat uns sogar Euros in Dollar getauscht, damit wir die letzten Tage über die Runde kamen.

FAZIT: Irgendwie ein Stück Heimat

Restaurante El Ajito, E

Calle 12 de Octubre | Neben dem Hotel Finca Buena Vista, Las Lajas

Speisekarte

SALATE
Salatplatte vegetarisch $ 7,00
Salatplatte mit Hähnchen $ 8,00

SUPPEN
Kürbiscremesuppe $ 4,50
Brokolicremesuppe $ 5,00

FISCH & MEERESFRÜCHTE
Fischfilet Gin Li $13,50
Exotische Sosse mit Ingwer, Zitrone & Kokosnuss
Fischfilet "El Ajito" $13,00
Fischfilet mit Knoblauch-Kräuterbutter

RIND - & SCHWEINEFLEISCH
Filete Capitan Drake $16,50
Rindersteak mit süss - scharfer JuJu Slater - Sosse
Filete "El Ajito" $16,00
Rindersteak mit Knoblauch-Kräuterbutter
Filete Pura Vida $12,50
Schweinefilet in fruchtiger Papaya - Sosse

Deutsches Essen
Hausgemachte Bra[illegible]wurst[illegible]atte $ 14,5
Verschiedene Bratwürste, Kartoffelspalten & Sauerkraut
Schweine Schnitzel $ 14,0
Kartoffelspalten & Salat

Für zwei Personen
Kuschel Menü $30
Rind, Schwein, Hühnchen, Salat & Maniok
Meeresfrüchte Platte $34
Fisch, Garnelen, Tintenfisch, Muscheln, Reis & Salat
SPEZIALITÄTEN
Feierlichkeiten

Empfohlen von unseren netten Finca Besitzern und nur 1,5 Minuten Fußweg entfernt, hatte es uns zu Doris und Manfred verschlagen. Einfache, aber liebevolle Einrichtung trifft hier auf nette deutsche Auswanderer.
Die Karte war umfangreich und bot für jeden Geschmack etwas. Natürlich gab es klassisch deutsche Gerichte, wie Bratwürste und Sauerkraut. Und, nicht zu vergessen, für alle die kein einheimisches Brot mehr sehen können, sie backen auch ihr Brot selbst!

FAZIT: Günstig und lecker

Wie ticken die so?

Laut dem Buch „Wo geht's denn hier zum Glück" von Maike van den Boom sind die Einwohner Panamas unter den 13 glücklichsten Nationen auf der Welt – und das merkt man überall im Land, denn die Einheimischen waren wirklich sehr freundlich, stets gut gelaunt und hilfsbereit. Es war keine Seltenheit, einfach von Fremden mit einem breiten Lächeln im Gesicht angesprochen zu werden. Falls die Menschen mal etwas übellaunig rüberkamen, haben wir das größtenteils auf ihre Unsicherheit mit der englischen Sprache zurückgeführt. Das ist hier wirklich ein Problem, wenn man wie wir kein Wort Spanisch (außer: una cerveza, por favor) spricht.

Die offizielle Amtsprache ist nun mal Spanisch. Aus diesem Grund hatte Chris uns vor Abreise einen Übersetzer gekauft (Travis der Übersetzer 199 € plus globaler Simkarte), in welchen man reinsprechen konnte und die gewünschte Übersetzung heraus kam (auch war Panama/Spanisch möglich). Hiermit hatten wir doch einige Taxifahrer und Hotelangestellte glücklich machen können. Ein richtiges Gespräch war damit leider dennoch nicht möglich, aber man kann signalisieren, was man möchte. Die jeweiligen Besitzer der Unterkünfte halfen uns, wo sie nur konnten (trugen selber noch das Gepäck, trockneten die Wäsche, gaben Ausflugstipps etc.).

Taxifahrten
Taxifahrer können hier auch oft kein einziges Wort Englisch und für 4 km zahlt man auch schonmal 10 $. Daher sollte man den Preis immer vorher verhandeln, wenn es keinen Taxameter gibt. Als Eisbrecher kann man sich hier ein einziges Thema merken: Fußball, denn Fußball verbindet. Jeder Taxifahrer konnte uns seinen Lieblingsverein aufzählen. (Meistens waren es die Bayern. Ich enthalte mich.)

Rechnungen
Rechnen konnten die hier fast alle nicht, daher immer mal die Endsumme gegenchecken, ob nach oben oder unten korrigiert wurde. Wir hatten Glück. Oftmals wurde etwas übersehen.

Polizeipräsenz
Polizei gibt es hier an jeder Ecke. Sollte man einen Mietwagen haben, wundert man sich über ständige Alkohol- und Geschwindigkeitskontrollen und einen fast täglichen Blitzermarathon. Oft hat man Glück und der Motorradbulle ähm Polizist schaut gerade gelangweilt auf sein Handy, aber manchmal hat man auch Pech und bekommt ein Knöllchen. **Daher unser Tipp:** Immer an die Geschwindigkeitsbegrenzung halten. Das schont auf lange Sicht gesehen die Urlaubskasse. Höchstgeschwindigkeit sind hier übrigens wahnsinnig schnelle 100 km.

Eier
Mit dem Cholesterinspiegel sollte man hier auch keine Probleme haben. In jedem Bed & Breakfast gab es Eier in unterschiedlichen Variationen zum Frühstück. Auf Wurst, Käse und Müsli wurde meistens verzichtet. Wenn man Glück hatte, gab es noch Butter, Marmelade oder auch mal Cornflakes. Stilles Wasser war in vielen Restaurants inklusive. Leider gab es meistens Leitungswasser, was aufgrund des hohen Chlorgehalts dementsprechend scheußlich schmeckte.

Kuna Indianer

Hier noch ein paar Infos zu den Kuna Indianern, die man doch des Öfteren mit ihren Produkten am Straßenrand sehen kann. Die San Blas Region ist die Heimat der Kuna Indianer, die in ihrer Sprache als Kuna Yala bezeichnet wird. Jahrhundertelang waren die Kuna durch die Serranía de San Blas und die Serranía del Darién vom Rest des Landes abgeschnitten, wodurch sie ihre Kultur weitgehend beibehalten konnten. Der Tourismus auf den Inseln wird zum Schutz der Kuna-Kultur eingeschränkt. Touristen sind nur auf bestimmten Inseln willkommen und wer individuell eine Insel besuchen möchte, der benötigt eine Erlaubnis des jeweiligen Dorfrates oder des Kaziken (indigene Anführer). Die traditionellen Häuser bestehen aus Bambus, Schilf und Palmblättern. Die Gemeinschaft wird vom Kaziken und vom Dorfrat angeführt, die gemeinsam über die Gesetze wachen. Wenn jemand z.B. straffällig geworden ist, wird dieser meist auf eine einsame Insel verbannt, wo er alleine leben muss bis die Strafe abgesessen ist. Eine andere Regel gilt dem Aussehen der Frau, die für Kuna Frauen typische auffallende bunte Tracht. Des Weiteren tragen sie bunte Perlenschnüre um ihre Beine und Arme. Das Panama Souvenir ist die Mola. Die Mola ist ein traditionelles Nähkunstwerk der Kunaindianer, ein in Handarbeit genähtes rechteckiges Motivbild. Das Geschäft mit den Molas trägt wesentlich zu ihrer Existenzgrundlage bei, ebenso der traditionelle Handel mit Kokosnüssen.

Schwanger in Panama

Das Thema möchte ich nur kurz anschneiden, da sich die meisten Schwangeren aufgrund der Zika-Virus-Gefahr wohl einen anderen Urlaubsort aussuchen werden. Wir hatten die Reise lange im Voraus gebucht und hatten auch keine Reiserücktrittversicherung abgeschlossen, (man kann ja nicht ahnen, dass das in unserem Alter so schnell mit der Schwangerschaft klappt). Daher haben wir versucht das Moskitorisiko zu dezimieren.

Hier ein paar wichtige Fakten zum Zika-Virus.

Das Zika-Virus ist eine Infektion, die durch Mückenstiche übertragen wird. Bei ungeborenen Kindern kann es im Mutterleib zu Hirn-Fehlbildungen führen oder mit anderen Worten: Dein Kind kann mit einer geistigen Behinderung zur Welt kommen. Nun übertragen aber nicht alle Mücken auch das Zika-Virus. Eine Infektionsgefahr besteht „nur" bei weiblichen Mücken der Gattung Aedes, zu denen z. B. auch die Tigermücke gehört. Diese Mücken-Gattung ist auch für andere Krankheitserreger wie Denguefieber oder Gelbfieber bekannt. Die Aedes-Mücken sind leider tag- und nachtaktiv. Das heißt, dass zu jeder Zeit ein Stechrisiko besteht.

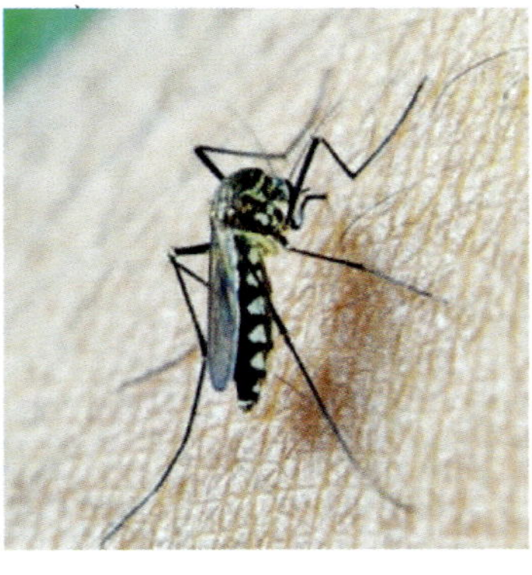

Wenn du gestochen wurdest, gibt es leider kein Gegenmittel. Auch eine Impfung existiert bis dato nicht. Daher ist es während der Schwangerschaft enorm wichtig, dass du Stiche einer Aedes-Mücke unbedingt vermeidest. Zudem kann das Zika-Virus auch von deinem Mann bzw. Freund auf dich übertragen werden. Daher solltet ihr bei einem Kinderwunsch und während der Schwangerschaft von ungeschütztem Geschlechtsverkehr absehen. Leider ähneln die Symptome von Zika-Virus stark den Symptomen, die auch andere Krankheiten hervorrufen. Daher ist es ohne Test schwer möglich, das Zika-Virus selbst zu diagnostizieren. Hellhörig solltest du nach einem Mückenstich bei folgenden Anzeichen werden:

- Gelenkschmerzen
- Hautausschlag
- Leichtes Fieber
- Gerötete Augen
- In selteneren Fällen auch Kopfschmerzen, Muskelschmerzen, Erbrechen, Übelkeit, Durchfall, Magenschmerzen und Schwindel

Die Symptome können einzeln oder auch gemeinsam auftreten. Der Krankheitsverlauf ist meist nur schwach, sodass viele Erkrankte das Virus gar nicht richtig bemerken. Sofern du nicht schwanger bist, stellt das Zika-Virus für gesunde Menschen auch keine Gefahr dar.

Nun genug der Panikmache.
Vor Ort sagte man mir, dass der Zika-Virus hauptsächlich in den Slums verbreitet ist, da sich dort die Mücken besser vermehren und die Menschen sich nicht besonders gut vor ihnen mit Mückengittern etc. zu schützen wissen. Ich habe in Deutschland zur Sicherheit einen Test gemacht und der Befund war negativ.

Essen

Essenstechnisch gab es gar keine Probleme, denn das meiste Obst kam geschält daher, Sushirestaurants haben auch Alternativen zu bieten und mit Käse haben sie es hier ja leider auch nicht so.
Die offizielle Landeswährung

Money, money, money

ist in Panama der Balboa. Er ist im täglichen Zahlungsverkehr allerdings nicht präsent und die Hauptwährung ist der US-Dollar. Der Balboa ist dem US-Dollar 1:1 angeglichen. Banknoten gibt es nur in US-Dollar, Münzen gibt es in Centimos (de Balboa) und amerikanischen Cents. Euro werden eher selten eingetauscht. Panama steht mit rund 40 € am Tag irgendwo zwischen Nicaragua und Costa Rica – nicht ganz günstig, aber auch nicht super teuer. Noch mehr als in anderen Ländern liegt es ganz alleine an einem selber, wie tief man in die Reisekasse greift.

Fortbewegung

Die günstigste Möglichkeit der Fortbewegung ist der Bus. Das Fernbusnetz in Panama kann sich sehen lassen, man kommt auch in die entlegensten Ecken mit dem Bus. Es ist teilweise unglaublich, wie wenig eine Fahrt kostet! Als Faustregel würde ich eine Stunde Fahrt mit rund 2,50 $ veranschlagen, auch wenn das sehr über den Daumen gepeilt ist. Für Gepäck kommen meist noch ein paar Extra-Dollar dazu.

Hier sind ein paar Beispiele:

- 40 $ – 10 Stunden: Panama City – Bocas del Toro (Nachtbus)
- 35 $ – 13 Stunden: Bocas del Toro – Santa Catalina

In Panama City ist das Taxifahren sowohl aus Sicherheits- als auch aus Kostengründen zu empfehlen – zehn Minuten Fahrt kosten ca. 2 $. Die Fahrt vom internationalen Flughafen in die Stadt sollte rund 35 $ kosten – nicht pro Person, sondern pro Taxi.

Unser Toyota Avensis kostete ca. 30 $ pro Tag. Die Spritpreise hier waren super günstig.

Trinkgelder

Wenn man mit dem Taxi fährt, ist es nicht üblich, ein Trinkgeld zu geben. Es wird entweder der Betrag bezahlt, den der Taxameter anzeigt oder ein vorher vereinbarter Preis. Generell ist es besser mit Taxis zu fahren, die einen Taxameter haben, aber wenn man im Stau stecken bleibt, kann dies auch ein Nachteil sein. In Hotels und Restaurants, für privaten Transport und andere Dienstleistungen ist es dagegen üblich, ein Trinkgeld zu geben.

10 % in Restaurants oder 5 $ pro Tag für Guides ist hierfür ein Richtwert.

Unterkünfte

Man kann hier von 10 $ in der Bambushütte nächtigen oder bis zu 210 $ für das Zimmer z. B. im Central Hotel hinblättern.

Essen

Hier haben wir doch einiges an Kohle gelassen. Auch wenn das lokale Essen den Hungrigen satt macht und den Geldbeutel schont, aber es war mir meistens zu fettig und ich will im Urlaub auch mal nett sitzen. In Panama City kannst du in „euopäischen“ Restaurants locker 50 $ pro Person lassen, während in einem lokalen Restaurant ein gut gefüllter Teller mit Reis, Bohnen und Fisch ungefähr 3 $ kostet.

Mitbringsel

Für mich immer schwierig, wenn es etwas anderes sein soll als der Flaschenöffner mit der Panama Flagge drauf oder ein nachgemachter Panamahut (das Original ist mit seinen ca. 1.000 € einfach zu teuer). In dem Fall haben wir uns für gemahlenen Kaffee aus der Vulkanregion von einem Familienbetrieb für ca. 6 $ und ein paar scharfe Soßen ca. 5 $ entschieden. Kunsthandwerk gibt es hier natürlich auch zur Genüge von angemalten Vogelfedern über Bilder und Schmuck. In Boquete können super Ponchos und Decken aus Apakawolle erworben werden für ca. 30 $ – 50 $.

Printed in Poland
by Amazon Fulfillment
Poland Sp. z o.o., Wrocław

84330718R00044